Peter Spangenberg

Dankbarkeit
ist das Gedächtnis des Herzens

AGENTUR DES RAUHEN HAUSES HAMBURG

Für Anna Catharina Steding

Gedächtnis des Herzens

Dankbarkeit ist das Gedächtnis des Herzens. Das ist uralte Menschenerfahrung. Erlebnisse und Erkenntnisse werden zu Einsichten und Prägungen, die im Herzen, also im Zentrum des menschlichen Menschen, aufbewahrt werden.

Die Seele wird zum Tresor, und wenn sie sich öffnet, wenn sie sich Gott öffnet, breitet der Mensch diese wertvollen Erinnerungselemente vor Gott aus, „mit Herzen Mund und Händen", wie es im Choral heißt. Dann wächst das Staunen vor den Wundern, die uns die Sprache verschlagen.

Drei Schnitte
und eine alte Formel

Von meiner Mutter habe ich das Danken gelernt. Mitten im Alltag. Wenn der Brotteig fertig war, machte sie mit einem langen Messer drei schnelle Schnitte in die Oberfläche und murmelte: „Im Namen des Vaters und des Sohnes und des Heiligen Geistes." Dann schlug sie mit der rechten Hand ein Kreuz über den Brotlaib und sagte: „Danke".

Sie war verlegen, als ich sie fragte: „Warum?" Sie hatte mich nicht bemerkt, als ich in der halb offenen Tür stand und sie beobachtete. Sie fasste sich schnell: „Wer nicht dankt, weiß nichts vom Leben und schon gar nichts von Gott." Kurz war diese Antwort, und sie ließ mich mit ihr allein. Doch die drei Schnitte, die alte Formel, das Kreuz und das mit dem Danken, mit dem Leben und mit Gott gingen mir nicht mehr aus Kopf und Herz.

Es war Kriegszeit. Not lehrt beten, könnte man sagen;

nein, könnte man eben nicht sagen, denn Not lehrt fluchen, Not lehrt hassen, Not lehrt lügen. Wer in der Not betet, hat es längst gelernt, weil alles ehrliche Beten aus der Dankbarkeit wächst und wieder zu ihr hinführt. Dankbarkeit ist wie eine bleibende Melodie im Herzen, wie eine grundsätzliche Einstimmung, wie ein Cantus firmus, der nie abreißt, aber immer neue Strophen möglich macht.

So wuchs ich ganz einfach in die kleine große Welt der Dankbarkeit hinein, was sich im Dankgebet bei Tisch äußerte oder im Danken für Geschenke zu Wort kam, was zum Gottesdienst hin führte oder sich in kleinen Gesten niederschlug: in der Umarmung, in der flüchtigen Berührung einer Hand oder im Kuss. Aber alle Zeichen der Dankbarkeit blieben stets keusch, zurückhaltend, unaufdringlich und kaum überschwänglich.

Und dann war da noch solch eine Winzigkeit:

Meine Patentante war eine dankbare Frau. Sie nahm mich mit in den Garten und wies mit leiser Gebärde auf ein kleines Wasserbecken. Wir standen still – denn dort hockten zwei Spatzen, die nach jedem Schluck Wasser den Kopf hoben. Sie sagte, dass selbst ein kleiner Vogel dem Schöpfer für die Erfrischung dankt, indem er den Kopf zum Himmel hebt.

Heute weiß ich es besser. Dennoch: Ich könnte kaum besser bildhaft sagen, worin das Wesen des Dankens besteht.

Hoffnung und Erfüllung

Ich will zu den Dankbaren gehören –
Undankbare gibt es genug.
Die habe ich in meinem Leben erlebt,
mehr als genug, und immer empfand ich,
dass es mir in der Nähe von Undankbaren
den Atem und die Sprache verschlug.
Kälte empfand ich und oft genug Angst.

Ich will zu den Dankbaren gehören und wissen,
dass mein Leben seine Quelle in Gott hat.
Diese Erkenntnis macht mich glücklich und trägt.

Ich will zu den Dankbaren gehören und wissen,
dass mein Leben ein Ziel hat,
seine Erfüllung in Ewigkeit.
Diese Erkenntnis gibt Hoffnung und trägt.

Und dazwischen?
Dazwischen liegt mein Alltag
mit allen Höhen und Tiefen, mit allen

Herausforderungen und Enttäuschungen,
mit allen Erfolgen und allem Scheitern,
mit all seinen Selbstverständlichkeiten
und Wundern.

Zuweilen waren meine Augen zu müde,
um Licht und Glanz der Schöpfung zu erfassen.
Zuweilen waren meine Ohren zu taub,
um die Klänge der Kreatur aufzunehmen.
Zuweilen war meine Zunge zu stumpf,
um die Wohltaten der Erde zu schmecken.

Zuweilen war meine Nase zu eng,
um die Gerüche und Düfte der Beeren
und Blüten zu atmen.
Zuweilen waren meine Hände zu schwach,
um Hand anzulegen im Garten Adams.
Zuweilen waren meine Füße zu schwer,
um Wege zu machen zum anderen Menschen.

Aber das Licht Gottes habe ich nie vergessen.
Es gab mir stets Orientierung und Obhut.
Deshalb will ich zu den Dankbaren gehören
und alle meine Erfahrungen einsammeln
wie eine Ernte.

Verzerrungen

Nebenbei – es gibt auch schreckliches Danken:
– das verlogene Danken, das so tut, als ob ...;
– das berechnende Danken, das mit windigen Worten etwas bezweckt;
– das höfliche Danken, das zwar wohl tun kann, aber in seiner Oberflächlichkeit unerheblich bleibt;
– das liebedienerische Danken, das äffisch scharwenzelt, um durch tiefe Verbeugungen den anderen gnädig zu stimmen;
– das befohlene Danken, das zumeist im Chor sehr laut erschallt und wirklich nichts mehr mit dem Herzen zu tun hat;
– das plappernde Danken, das sich mit vielen unnützen Worten Luft macht, ohne etwas zu sagen;
– das geschäftsmäßige und gelackte Danken, das gar nicht den anderen meint, sondern bestenfalls sich selbst;
– das auswendig gelernte Danken, das sich bei jeder passenden und unpassenden Gelegenheit wiederholen lässt;
– das flüchtige Danken, das in seiner Kurzatmigkeit nicht einmal Zeit findet, Augenkontakt zu suchen;

– das teuflische Danken, das galant umgarnt, so dass der andere die Falle nicht spürt, die ihm gestellt wird.

Diese Dankesformen sind entstanden, haben sich entwickelt, wurden gelehrt und feiern heute fröhliche Urständ auf allen Ebenen, auch auf den religiösen, kirchlichen Ebenen. Diese Arten zu danken und zu beten waren Jesus ein Dorn im Auge. Aber das gibt es eben: das geleierte, oberflächliche, bestechliche, bestochene, kurzatmige und höfliche Danken, als wäre Gott ein kommunikativer Zeitgenosse, den es zu bezirzen gilt mit Gedanken, Worten und Werken. Der religiöse Dank unterliegt denselben Gefahren wie der zwischenmenschliche; denn hehre Formulierungen schützen nicht vor Missbrauch.

Dabei ist Dankbarkeit der einzige Schlüssel zum Geheimnis des Lebens und die einzig angemessene Art, mit Gott und den Menschen Frieden zu finden und Frieden zu halten. Dankbarkeit ist Sache des Herzens, also Sache der Mitte des Lebens. Dankbarkeit nimmt die Schätze der Vergangenheit in Obhut, bewahrt das Leben in der Gegenwart und öffnet die Tür zur Zukunft.

Antwort auf Liebe

Es sieht so aus, als seien wir Menschen von Grund auf angelegt zur Dankbarkeit. Wenn man genau hinsieht, betrifft es ganz außergewöhnliche und auch wieder alltägliche Bereiche, die der Mensch dankbar beantworten will durch Denken, Sprache, Geste und Tat. Dankbarkeit reagiert auf Geschenke.

Das Wesen des Schenkens ist die Liebe, wie das Wesen der Liebe das Schenken ist. Da Liebe nicht käuflich, nicht machbar, nicht bestechlich ist, sondern frei, souverän, ohne Hintergedanken und ohne Berechnung, ist es die Dankbarkeit als Antwort auf Liebe auch.

Geschenke

Noch einmal: Dankbarkeit ist die Antwort auf Geschenke:

- auf das Unvermutete; auf das, was mich überrascht und meine Hoffnung beantwortet;
- auf das nicht Machbare, das mir also nicht zur Verfügung steht, sondern zugewendet wird;
- auf das Unkäufliche, das also Unbezahlbare, letztlich mein Leben;
- auf das Unverdiente, das sich eben nicht ergibt aus meinen Handlungen oder Erfolgen, sondern in mein Leben einbricht;
- auf das Unerwartete, das mich ertappt oder geheimnisvoll berührt und meine Seele reich macht;
- auf das Erhoffte, das sich jeder Organisation oder Kalkulation entzieht, aber Geist und Herz erfüllt mit Mut und Zuversicht;
- auf das Erbetene und Erbetete, das vielleicht anders eintritt als erwünscht, aber Erfüllung bedeutet und Sinn;
- auf das Erglaubte, das sich als Gotteserfahrung zeigt und zur Neuordnung des Lebens führt;

- auf das Beglückende, das wie ein Licht kommt mitten in Angst und Dunkelheit;
- auf das Ergänzende, das mich in meinen Schwächen und Fehlern heilt und zu neuer Hoffnung bringt;
- auf das Erweiternde, das meinen Horizont dehnt durch Erkenntnis und Einsicht;
- auf das Befreiende, das mir den Druck nimmt und die Last meines Lebens erträglich macht;
- auf das Versöhnende, das Konflikte und Hartherzigkeit löst und das Tauwetter des Friedens einleitet;
- auf das Bereichernde, das mir Neues bringt durch Menschen, Musik, Literatur und vieles mehr;
- auf das Tröstende, das mir im Leid und in der Trauer Kraft und Perspektive gibt;
- auf das Vergebende, das mich auffängt in meinen Unzulänglichkeiten und aus dem Fragment meines Lebens die Vision eines Ganzen werden lässt.

Dankbarkeit wird nie aus Schuldgefühl geboren. Schuldgefühle zerstören das Wesen des Dankens. In dem Augenblick, in dem der Mensch meint, er müsse einem anderen etwas Gleichwertiges wiederschenken oder am besten noch etwas mehr, ist die Dankbarkeit zu einem Wiedergutmachungsmechanismus verkümmert.

Gottes Wunder

In der Geburtsgeschichte Jesu wird erzählt, dass die Weisen und die Hirten kamen, staunten, beteten und schenkten. Ausgerechnet Gold, Weihrauch und Myrre, riesige Geschenke für einen kleinen Menschen, völlig ungeeignet für das Kinderzimmer in Nazareth.

Doch über Maria wird gesagt, sie habe alles in ihrem Herzen bewegt. Wieder ist es das Herz, das als Sitz der Dankbarkeit beschrieben wird. Aber es wird kein Wort darüber verloren, ob Maria etwa überlegte, die Weisen aus dem Morgenland mit ihrem Gefolge zu einem Dankeschön-Essen einzuladen, das Josef vielleicht beim Partyservice in Bethlehem hätte bestellen können. Die Bezahlung hätte sich mit Gold regeln lassen.

Selbst wenn solche Sätze mehr eine Karikatur sind, so entlarvt sich doch manches Dankverhalten heutiger Menschen als das, was es ist: Karikatur. Dankbarkeit äußert sich in der Bibel überhaupt nicht in materiellen Zuwendungen, sondern in Gefühl, Wort, Lied oder Tanz oder etwa im Bau eines Altares oder im Gebet. Nicht umsonst sprechen vor allem die Psalmen davon:

Voller Dankbarkeit
will ich von Gottes Wundern erzählen.
Ich freue mich so,
dass ich glaube und zu Gott gehöre.

nach Psalm 9

Am liebsten würde ich jetzt tanzen
und eine Melodie erfinden,
die dir Freude macht.
Steh allen bei, die an dich glauben,
fülle unser Leben mit Inhalt und Zielen
und zeige uns die Quelle für neuen Mut.

nach Psalm 28

Am liebsten würde ich laut rufen:
Nun zeigt doch endlich eure Freude!
Dankt Gott mit allem, was ihr habt,
mit euren Stimmen, mit Orgel und Trompete,
mit Klarinette und Xylophon.
Singt neue Lieder von einer neuen Zeit.

nach Psalm 33

Dafür will ich beten und Gott danken.
Jeder, der liebt,
verdankt Gott dieses Wunder,
seit Menschengedenken und für alle Zeiten.

nach Psalm 45

Dankt dem Herrn,
denn er ist freundlich,
und seine Güte währt ewiglich.

nach Psalm 106

Seid dankbar; denn unser Gott
beschenkt uns über die Maßen.
Seine Liebe überdauert alle Zeiten
Bringt euren Dank unserm Gott,
denn er ist größer als alles.
Bringt euren Dank unserm Gott,
denn ihm gehört alles.
Bringt euren Dank unserm Gott,
denn seine Güte währt ewiglich.

nach Psalm 136

Atem des Glaubens

Diese wenigen Textstellen machen schon deutlich, wie sich der Dankbare zu Gott verhält. Als Echo auf Gottes Liebe äußert sich die Dankbarkeit als Regung des Herzens in Freude und Gesang. Es ist die Freude über Leben, Wunder, Schöpfung, Weisheit, Glaube, Freiheit, Hoffnung und Zukunft. Maria singt eben nicht: Danke, mein Gott, für das Gold der Weisen, denn ich kann es gut gebrauchen. Sie singt: Meine Seele erhebt den Herrn, und mein Geist freut sich Gottes, meines Heilands.

So wird das Gebet zum Atemholen des Glaubens, damit er sich in Dankbarkeit verströmen kann. Im Buch Jesus Sirach heißt es im 50. Kapitel:

Nun danket alle Gott,
der große Wunder tut an allem Leben,
der unser Leben trägt vom Mutterleib an
und Gutes will uns geben:
ein immer fröhlich Herz und Frieden allezeit
in Liebe und Vergeben in alle Ewigkeit.

Der Dankbare bleibt also keusch und bescheiden in seinen Worten, auch wenn er zuweilen seine Grenzen überschreitet und über die Vernichtung der Feinde triumphiert.

Spontanes Echo

Ich beobachte an Kindern, wenn sie nicht schon von den Erwachsenen verbildet wurden, dass sie das Wesen der Dankbarkeit am besten ausleben.

Es war nur ein winziges Geschenk, das ich meinem Enkel machte: ein Brett, auf das wir ein paar gefundene Muscheln klebten und zwei Federn links und rechts. Es sah herrlich aus. Er bestaunte das gemeinsame Werklein, hob sich auf die Zehenspitzen, gab mir einen Kuss und rannte mit seinem Schatz davon.

Wenige Erwachsene würden sich das untereinander trauen: winzige Geschenke zu machen, die im Herzen geboren sind, und sich mit einem Kuss oder einer Umarmung zu bedanken. Das aber tat der Enkel: spontanes Echo; Reaktion, wie sie ihm zu Gebote stand; Ausdruck zu geben, was ihm Eindruck machte, und seiner Freude freien Lauf zu lassen, weil er sonst wahrscheinlich geplatzt wäre. Genau dies ist für mich das Modell des dankbaren Menschen.

Ein Brief von 1940

Für mich war eine Feststellung wirklich eine Uberra-schung: In der evangelischen Theologie spielt der Begriff Dankbarkeit eine untergeordnete Rolle. In über zehn Ethik-Büchern fanden sich lediglich Hinweise, klein und verstreut, etwa in dem Sinn, dass die Dankbarkeit den Menschen zum Spiegel der göttlichen Vergebung macht und zum Träger seiner Liebe. Nirgends aber fand ich den Begriff der Dankbarkeit als Grundlage und Schlüssel für das verantwortliche Handeln des Christen. Erst bei Dietrich Bonhoeffer wurde ich richtig fündig, und zwar in seinem „Brief von der Dankbarkeit" von 1940. Für Bonhoeffer stammt die Dankbarkeit aus dem Wort Gottes. Deshalb ist Christus „der erste und letzte Grund aller Dankbarkeit". Dankbarkeit entsteht an Liebe. Deshalb sucht der Dankbare hinter der Gabe den Geber.

Bonhoeffer entwickelt die Verbindung zwischen Geschenk und Dankbarkeit. Für ihn ist Dankbarkeit ohne Grenzen, sie reicht sogar bis in Schmerz und Leid, bis „in die tiefste Dunkelheit". Es sind erstaunliche Einsichten für das Jahr 1940, und Bonhoeffer arbeitet heraus: Ohne Dankbarkeit gibt es keine Vergangenheit, nur noch Leere und Nichts.

Solche Gedanken sind eigentlich nicht neu. Sie werden aber aufregend durch ihre Umkehrformel: „Undank erstickt den Glauben, verstopft den Zugang zu Gott. Undankbarkeit beginnt mit dem Vergessen, aus Vergessen folgt Gleichgültigkeit, aus der Gleichgültigkeit Unzufriedenheit, aus der Unzufriedenheit Verzweiflung, aus der Verzweiflung der Fluch."

Menschen, Christen, Zeitgenossen verlieren nach Bonhoeffer Sinn und Weg, wenn die Dankbarkeit fehlt. Am Ende steht die Katastrophe, das Nichts.

Dimensionen der Dankbarkeit

Die Dankbarkeit hat also mehrere Dimensionen für den glaubenden Menschen: eine zu Gott, der das Herz berührt und öffnet; eine in die Tiefe von Leben und Sinn und Tod; eine in die Breite zu Schöpfung, Welt und Mensch; und schließlich eine, deren Kühnheit nicht in Worte zu fassen ist, denn sie wagt sich bis in die Ewigkeit hinein. Dankbarkeit ist an Gottes Wort in Gang gekommene Antwort. Von da aus zeigt der Dankbare höchste Verantwortung vor Gott und dem Leben. Diese Verantwortung führt den Dankbaren in größte Sorgfalt, wenn es darum geht, das Denken in Gang zu halten, die Sprache zu pflegen, die Schöpfung zu verwalten und den Enkeln die Zukunft offen zu halten. Dankbarkeit ist demzufolge eine innere Haltung, die die Freude über das Leben feiert. Sie ist auch eine Einstellung, die die wesentlichen Elemente des Lebens nicht selbstverständlich nimmt. Ebenso ist sie eine Ausrichtung, die zur Ehrfurcht führt. Es ist auch eine innere Grundlage, die bleibt und durchhält: Ich werde nicht für meine Krankheit dankbar sein, sondern in meiner Krankheit. Ich werde nicht für meine Armut danken, sondern in ihr. Dann kann ich auch für die vielen Wunder und Überraschungen dankbar sein: für die Musik, für eine zärtliche Gebärde, für die Tischgemeinschaft, für eine gute Nacht, für eine neue Begegnung und vieles mehr.

Dankbarkeit ist dann nicht mehr, wenn überhaupt, ein Privileg der Reichen, Gesunden, Erfolgreichen und Glücklichen, sondern der entscheidende Charakterzug des menschlichen Menschen. Übrigens: Danken ist ja nie falsch, wenn es denn ehrlich ist. Aber Dankbarkeit fällt nicht vom Himmel. Alle Menschen haben zwar die Anlage, aber sie muss entdeckt, erweitert, erlernt und eingeübt werden, weil sie sonst entweder gar nicht erst wächst oder aber frühzeitig einrostet und den angeblich Dankbaren zum scheinheiligen Pharisäer werden lässt, der sagt: „Gott, ich danke dir, dass ich nicht bin wie jener andere."

Reste von Urdankbarkeit

Dankbarkeit hat viele Ausdrucksformen. Ein kleiner Händedruck zeigt oft Tiefe; ein guter Brief gibt Echo; ein zarter Kuss stiftet Verbindung; ein freundliches Telefongespräch ist gute Antwort; eine Blume spricht Bände; eine Tasse Kaffee schafft Atmosphäre; eine ehrliche Dankesrede kommt aus dem Herzen. Ohne großen Aufwand gibt es viele Möglichkeiten zwischen Menschen, Dankbarkeit zu zeigen.

Doch wie schon erwähnt: Die meisten Menschen begnügen sich mit den kleinen Zeichen nicht. Überdimensionale Zeitungsanzeigen gehen da noch einen Schritt weiter, und der Zeitgenosse überschlägt sich in Superlativen. Das macht die Kultur der Dankbarkeit so elend und fade. Beteuerungen helfen da auch nicht weiter.

Immerhin: Der Mensch lernt danken, oft gestelzt und mit schwammigen Worten: „Ich bedanke mich!" Da kommt der Dankende gleich zweimal vor und der Adressat überhaupt nicht.

Reste von Urdankbarkeit trifft man zuweilen an: Mutter, ich verdanke dir mein Leben! Vater, ich verdanke dir mei-

nen beruflichen Werdegang! Trainer, ich verdanke dir meine Laufbahn! Da werden noch Erinnerungen wach, dass der Mensch nichts aus sich selbst ist.

In der Welt des Glaubens wird das alles noch einmal komplizierter. Ich verdanke mich Gott – wer denkt diesen Satz noch? In einer Welt der Genforschung und des Klonens ist der Homunkulus nicht mehr weit, der Mensch aus der Retorte. Doch mitten in der postindustriellen Zeit wächst die geheime Erinnerung, dass sich alles Leben verdankt. Manager rufen nach einer Ethik für den Betrieb, die Idee eines Weltethos wächst auf dem Boden der Frustrationen; die Sehnsucht nach Herkunft und Zukunft, also die Sehnsucht nach Gott, bricht aus allen Verkrustungen der Zeit.

Für Freiheit und Gerechtigkeit

Der Selbermachermensch unseres Jahrhunderts hat es schwer mit der Dankbarkeit. Fast macht es den Eindruck, als sei sie alten Menschen vorbehalten, die dankbar auf ein gelebtes Leben zurückblicken. Das stimmt ja auch. Aber der junge Mensch möchte auch danken. Nur: Wie findet er den Weg?

Diese Zeit hat nicht nur das Bitten verlernt, sondern auch das Beten, nicht nur das Staunen, sondern auch das Hoffen. Hier liegt die Ursache für Gewalt und Drogen, für Rassismus und Fanatismus. Wenn das Leben dieser Menschheit noch einmal gelingen soll, muss Dankbarkeit einziehen, damit die Regenwälder erhalten bleiben. Die Dankbarkeit muss einziehen, damit die Kinder bewahrt bleiben und noch einmal spielen lernen mit Delfinen und Bibern.

Dankbarkeit hat eine politische Dimension. Das aber wissen die Dankbaren selbst oft nicht und ziehen sich zurück in das Gehäuse der Anbetung und Kontemplation.

Im Kolosserbrief heißt es: „Ihr habt euch für die Nachfolge Christi entschieden. So lebt auch danach. Euer Leben wurzelt in ihm, und er ist das Fundament eures Glaubens. So habt ihr es gelernt. Seid deshalb ganz tief dankbar."

So schließen wir diesen Kreis des Nachdenkens, indem wir uns zur Dankbarkeit bekennen. Damit bekennen wir uns zu Gott und seinen Geschenken. Damit stehen wir ein für Freiheit und Gerechtigkeit, für Frieden und Liebe. Damit stimmen wir ein in den Gesang der Schöpfung. Damit erklären wir uns bereit, zu den Dankbaren zu gehören.

Der Autor

Peter Spangenberg, geboren 1934, ist Pastor, war lange Jahre in der Großstadt und auf dem Dorf tätig und widmet sich im Ruhestand weiter der Mitarbeit als Dozent an der Universität Flensburg im Bereich der Evangelischen Religions-Pädagogik. Er lebt in Achtrup/Nordfriesland. Neu ist für ihn die ehrenamtliche Aufgabe als Ombudsmann für Kinder im Kirchenkreis Südtondern. Er ist Autor und Herausgeber von über 30 Publikationen: Neben Themen zum Glauben und zur Theologie finden sich Meditationen, Erzählungen, Märchen, Fabeln, Laienspiele, Lyrik, Lieder und ein Kriminalroman.

Die Schreibweise entspricht den Regeln der neuen Rechtschreibung.

Bildnachweis
Umschlag, Seite 1, 15, 29: Peter Santor
Seite   5: Volker Rauch
Seite   7: Bildarchiv Rodrun/G. Knöll
Seite 11: Gerd Weissing
Seite 21: Artur Bomke
Seite 23: Roland Heusel
Seite 27: Wolfgang Diederich

Bildbeschreibung
Seite   7: Singende Goldammer
Seite 15: Dachsims mit Bemalung in Murten, Schweiz
Seite 27: Abendlicht über der Hamburger Hallig

© Agentur des Rauhen Hauses Hamburg 2001
Satz: Gestaltung + Verlags-Service, Rosengarten
Schrift: Clearface
Lithos: connected 2000 GmbH, Hamburg
Druck: Proost N.V., Turnhout, Belgien
Der Umwelt zuliebe gedruckt auf chlorfrei gebleichtem Papier
ISBN 3 7600 1572-7
Best.-Nr. 1 1572-7